Second Edition

POINTS DE DÉPART

ANSWER KEY

for

STUDENT ACTIVITIES MANUAL

Virginie Cassidy
Georgetown College

Mary Ellen Scullen
University of Maryland, College Park

Cathy Pons
University of North Carolina, Asheville

Albert Valdman
Indiana University, Bloomington

PEARSON

Boston Columbus Indianapolis New York San Francisco
Upper Saddle River Amsterdam Cape Town Dubai London Madrid
Milan Munich Paris Montreal Toronto Delhi Mexico City Sao Paulo
Sydney Hong Kong Seoul Singapore Taipei Tokyo

Executive Acquisitions Editor: Rachel McCoy
Editorial Assistant: Lindsay Miglionica
Publishing Coordinator: Regina Rivera
Executive Marketing Manager:
    Kris Ellis-Levy
Marketing Assistant: Michele Marchese
Senior Managing Editor for Product Development:
    Mary Rottino
Associate Managing Editor: Janice Stangel
Production Project Manager: Manuel Echevarria
Executive Editor, MyLanguageLabs: Bob Hemmer
Senior Media Editor: Samantha Alducin
MyLanguageLabs Development Editor: Bill Bliss

Procurement Manager: Mary Fischer
Senior Art Director: Maria Lange
Senior Operations Specialist: Alan Fischer
Cover Designer: Liz Harasymczuk Design
Project Manager: Francesca Monaco
Composition: Preparé, Inc.
Printer/Binder: Bind-Rite Graphics/
    Robbinsville
Cover Printer: Lehigh/Phoenix Color
Cover Image: Travelpix Ltd/Getty Images
Publisher: Phil Miller

This book was set in 10.5/12 Times New Roman.

Printed in the United States of America
10 9 8 7 6 5 4 3 2 1

PEARSON

ISBN 10:   0-205-79628-1
ISBN 13: 978-0-205-79628-1

Chapitre préliminaire
Présentons-nous !

0P-01

1. informel
2. informel
3. formel
4. informel
5. informel
6. formel

0P-02

1. e
2. c
3. f
4. d
5. b
6. h
7. a
8. g

0P-03

1. b
2. c
3. c
4. d

0P-04

1. a
2. c
3. b
4. c
5. a

0P-05

1. 1+
2. 1+
3. 1
4. 1
5. ?
6. 1

0P-06

1. C'est
2. Ce sont
3. C'est
4. Ce sont
5. C'est

0P-07

1. es
2. sont
3. êtes
4. suis
5. sommes
6. est

0P-08

1. nous sommes
2. Il est
3. Ils sont
4. je suis
5. Elle est
6. je suis

0P-09

Answers will vary.

0P-10

bonjour, comment ça va ?, comment tu t'appelles ?

0P-11

1. pas mal / Pas mal
2. en forme / je suis en forme / Je suis en forme
3. de Paris
4. de Marseille

0P-12

A. *Answers will vary.*
B. *Answers will vary.*

0P-13

1. d
2. c
3. e
4. a
5. b
6. f

0P-14

1. Image e
2. Image g
3. Image d
4. Image b
5. Image f
6. Image h
7. Image a
8. Image c

0P-15

1. d
2. c
3. d
4. a
5. b

0P-16

1. professeur
2. étudiant/e
3. professeur
4. professeur
5. étudiant/e
6. professeur

0P-17

1. le cahier
2. la porte
3. la carte
4. Écrivez
5. Répondez
6. les devoirs

0P-18

1. Langlois
2. Rousset
3. Lécuyer
4. Castelain
5. Zouaoui
6. Docquière

0P-19

1. e
2. è
3. e
4. é
5. é
6. é
7. é, è
8. é

0P-20

1. masculin
2. féminin
3. masculin
4. masculin
5. féminin
6. féminin

0P-21

1. le
2. le
3. l'
4. un
5. Le
6. une
7. un
8. une
9. un
10. une

0P-22

1. C'est le crayon
2. Ce sont les cahiers

3. C'est l'affiche
4. C'est la règle
5. Ce sont les stylos
6. Ce sont les feutres

0P-23

1. des affiches
2. des stylos
3. des bureaux
4. des ordinateurs
5. des cahiers

0P-24

1. a
2. a
3. c
4. b
5. c
6. a

0P-25

Selected items: un sac à dos, des cahiers, des stylos

0P-26

1. Selected items: des cahiers, des crayons, un livre, une gomme
2. Selected items: des cahiers, des stylos, des crayons, une calculatrice, une gomme
3. Selected item: une carte de France
4. Selected items: un lecteur CD, des stylos

0P-27

A. Selected items: des livres, des cahiers, des gommes, des stylos
B. *Answers will vary.*

0P-28

Answers will vary.

0P-29

1. artist
2. color
3. compartments
4. front
5. magic
6. packet
7. dimensions, nylon, type
8. fluorescent markers, fluorescent
9. backpacks, notebook
10. unit, item
11. pockets, pouches

0P-30

Answers will vary.

0P-31

Answers will vary.

0P-32

1. good friends, family members
2. Bonjour, Sylviane, comment ça va ?
   Ça va bien ?
   C'est Pauline !
3. kissing each other on each cheek
4. faire la bise

0P-33

Answers will vary.

0P-34

1. Françoise
2. Fabienne
3. Jean-Claude
4. Françoise
5. Françoise
6. Françoise
7. Fabienne

8. Jean-Claude

9. Fabienne

10. Fabienne, Jean-Claude / Jean-Claude, Fabienne

11. Jean-Claude

12. Françoise

0P-35

Answers will vary.

Chapitre 1
Ma famille et moi

01-01

1. beau, père

2. cousin

3. grand, mère

4. tante

5. frère

6. nièce

01-02

1. e

2. c

3. g

4. b

5. h

6. d

7. a

8. f

01-03

1. oncle

2. nièce

3. demi-frère

4. petite-fille

5. neveu

6. cousin

01-04

1. Annick

2. Micheline

3. Fabienne

4. Madeleine

5. Yves

6. Jean-Pierre

01-05

1. c

2. a

3. d

4. f

5. b

6. e

01-06

1. lecteur CD

2. cahiers

3. gomme

4. feutres

5. calculatrice

6. crayons

01-07

1. tes

2. ta

3. tes

4. mon

5. mes

6. mes

7. ma

8. ses

9. son

10. son

01-08

1. b

2. c

3. a

4. c

5. c

6. a

01-09

1. Selected items: conformiste, idéaliste

2. Selected items: optimiste, réaliste

3. Selected items: stressé, têtu

4. Selected items: individualiste, désagréable

5. Selected items: sympathique, raisonnable, réaliste

6. Selected items: timide, disciplinée

01-10

1. b

2. c

3. a

4. a

5. c

6. d

01-11

1. sympathiques, dynamiques / sympas, dynamiques

2. réservée, conformiste

3. stressé, pessimiste

4. sociables, individualistes

01-12

1. a

2. b

3. a

4. a

5. b

6. b

7. b

8. a

01-13

1. stressée

2. sociables

3. optimiste

4. sympathique

01-14

1. calme

2. 4, réservé

3. 3, sympathiques / très sympathiques

4. 6, stressés / très stressés

5. 1, sociable / très sociable

6. 2, timide / assez timide

7. 7

01-15

A. *Answers will vary.*

B. *Answers will vary.*

01-16

1. b

2. b

3. a

4. a

5. c

6. b

7. a

8. c

01-17

1. Le 15 août

2. Le 20 février

3. Le 30 octobre

4. Le 15 avril

5. Le 6 janvier

6. Le 24 juin

01-18

1. f

2. h

3. e

4. b

5. g

6. a

7. d

8. c

01-19

1. 5, 13

2. 31, 4

3. 16, 2

4. 20, 5

5. 8, 13

6. 17, 9

01-20

Selected items: 1. cinq enfants, 3. six oncles, 5. trois affiches, 6. cinq cousins, 9. un an, 10. deux ordinateurs, 12. sept images

01-21

Repeat after the speaker.

01-22

1. 53

2. 13

3. 49

4. 38

5. 15

6. 82

7. 77

8. 23

01-23

1. cinquante

2. soixante-douze

3. soixante

4. quatre-vingt-dix

5. trente-et-un

01-24

1. J'ai

2. Ils ont

3. Tu as

4. Elle a

5. Vous avez

6. Nous avons

7. Elles ont

8. Tu as

01-25

1. d

2. a

3. e

4. b

5. c

01-26

1. stylos
2. ordinateur
3. calculatrice
4. affiches
5. livres
6. gommes

01-27

1. Notre père
2. Nos frères
3. Leurs parents
4. Notre mère
5. Leur chien
6. Nos chats

01-28

1. vos
2. mes
3. Leur
4. Nos
5. notre
6. vos
7. Leur
8. vos

01-29

1. leurs cousins
2. leur grand-père
3. leur sœur / leur soeur
4. leurs neveux
5. leur oncle

01-30

Selected items: Êtes-vous marié/e ?, Avez-vous des enfants ?, Quel âge avez-vous ?

01-31

1. 42, le 19 octobre
2. 15, le 4 janvier
3. 13, le 11 mai
4. 8, le 26 août
5. 6, le 17 septembre

01-32

A. *Answers will vary.*

B. *Answers will vary.*

01-33

1. c
2. f
3. b
4. e
5. d
6. a

01-34

1. le samedi
2. le jeudi
3. le samedi
4. le lundi
5. le dimanche
6. le vendredi

01-35

1. jeudi
2. mercredi
3. samedi
4. dimanche
5. lundi
6. mardi
7. vendredi

01-36

1. b
2. a
3. b
4. c
5. b

6. a

7. a

8. c

01-37

Answers will vary.

01-38

1. 7

2. 4

3. 6

4. 6

5. 5

6. 6

01-39

1. 1+

2. 1+

3. ?

4. 1

5. 1

6. ?

7. 1+

8. 1

01-40

1. joue au golf

2. travaille dans le jardin

3. jouent au foot

4. déjeune ensemble / dîne ensemble

5. écoute de la musique

01-41

1. a

2. c

3. b

4. b

5. a

6. c

01-42

1. n'aiment pas

2. joue

3. reste

4. regardons

5. prépare

6. ne travaille pas

01-43

Repeat after the speaker.

01-44

1. Est-ce que c'est une photo de France ?

2. Vous dînez souvent en famille, n'est-ce pas ?

3. Il écoute de la musique?

4. Est-ce que ta mère aime travailler dans le jardin ?

5. Tu aimes jouer du piano ?

6. C'est le mois de décembre, n'est-ce pas ?

01-45

1. b

2. a

3. a

4. a

5. b

6. b

01-46

1. d

2. f

3. a

4. e

5. c

6. b

01-47

Answers will vary.

01-48

1. Selected items: 35 ans, une fille, un chien, calme, réservée

2. Selected items: 40 ans, pas d'enfants, un chien, trois chats, deux oiseaux, sociable, joue au golf

3. Selected items: 30 ans, deux enfants, pas d'animaux, énergique, joue du piano, écoute de la musique

01-49

A. *Answers will vary.*

B. *Answers will vary.*

01-50

Answers will vary.

01-51

1. Selected items: Lucie, Yves, Pierrette

2. Selected items: Jean-Pierre, Françoise

3. Selected items: Olivier, Jean-Philippe

4. Selected item: Mme Pierre de la Garonnière

5. Selected items: Simon, Simone

6. Selected items: Jean-Pierre, Françoise

01-52

Answers will vary.

01-53

1. Selected items: un chat, un chien, un oiseau

2. Selected items: on the beach, at home, at work in a studio

01-54

Answers will vary.

01-55

Answers will vary.

01-56

Answers will vary.

01-57

Answers will vary.

Chapitre 2
Voici mes amis

02-01

1. traits de caractère
2. traits de caractère
3. traits physiques
4. traits physiques
5. traits de caractère
6. traits de caractère
7. traits physiques
8. traits de caractère

02-02

1. moche
2. châtain
3. ambitieuse
4. petite
5. maigre
6. d'un certain âge

02-03

1. forte / grosse
2. belle / jolie
3. grande / de taille moyenne
4. blonde / rousse
5. maigre / mince

02-04

1. a
2. c
3. a
4. b
5. c

02-05

1. Clément
2. Françoise
3. Jean
4. Yvon
5. Laurence
6. Gilberte
7. Louis
8. Simone

02-06

Repeat after the speaker.

02-07

1. sportive
2. ambitieux
3. blonde
4. sérieuse
5. pantouflard
6. généreux

02-08

1. paresseux
2. sérieuses
3. ambitieux
4. amusantes
5. paresseuse
6. méchant
7. bête
8. sportif
9. énergique
10. drôle
11. intelligent
12. gentils

02-09

1. belle, rousse
2. généreux, sympathique, gentil
3. sportive, dynamique, énergique
4. sérieux, drôle
5. ambitieuse, disciplinée
6. paresseux, stressé

02-10

Answers will vary.

02-11

1. illogique
2. logique
3. logique
4. illogique
5. illogique
6. logique
7. logique
8. logique

02-12

1. Comment
2. Où
3. Quand
4. combien de
5. pourquoi

02-13

1. Comment est-ce que tu t'appelles ?
2. Combien de personnes est-ce qu'il y a dans ta famille ?
3. Où est-ce que tu travailles ?
4. Pourquoi est-ce que tu visites les USA ?
5. Quand est-ce que tu retournes en Suisse ?

02-14

1. 20 ans
2. À Trois-Rivières
3. Mattéo
4. Le golf
5. Oui, bien sûr
6. Elle est grande et rousse
7. Ce soir
8. Trois

02-15

Selected items: amusante, calme, gentille

02-16

1. grande
2. brune
3. sérieuse
4. énergique
5. la musique
6. petite
7. bête
8. méchante
9. généreuse
10. regarder la télé

02-17

A. *Answers will vary.*
B. *Answers will vary.*

02-18

1. Image f
2. Image a
3. Image d
4. Image b
5. Image e
6. Image c

02-19

1. Selected items: a, b, d
2. Selected items: b, c
3. Selected items: a, d
4. Selected items: a, b, d
5. Selected items: b, d
6. Selected items: a, b, d

02-20

1. joue
2. fait
3. font
4. faisons
5. jouons
6. joue

02-21

1. e
2. f
3. a
4. c
5. d
6. b

02-22

1. à
2. de
3. de
4. à
5. à
6. à
7. de
8. à

02-23

1. l'affiche de la
2. l'harmonica d'
3. les cartes des
4. le téléphone de la
5. les stylos de l'
6. la photo du

02-24

1. des jeux
2. des amis
3. de la famille
4. du prof de français
5. des animaux familiers
6. de la politique
7. du cinéma

02-25

1. joue au foot / joue au football
2. jouent au tennis
3. joue du piano
4. jouent aux cartes

5. joue de la guitare
6. jouent au basket / jouent au basket-ball

02-26

1. d
2. b
3. f
4. c
5. a
6. g
7. e
8. h

02-27

1. font
2. ne fait pas
3. faisons
4. faites
5. fais

02-28

1. fais la cuisine
2. faisons du bricolage
3. faites du jardinage
4. ne font pas grand-chose
5. fais du vélo
6. fait de la musique

02-29

1. en ville
2. chez vous
3. au parc
4. à la maison
5. au parc
6. dans le jardin

02-30

Answers will vary.

02-31

Answers will vary.

02-32

1. Selected items: a un match de volley, fait du vélo
2. Selected items: regarde la télé, reste à la maison, joue aux échecs, ne fait pas grand-chose
3. Selected items: organise une fête, fait des courses, joue de la guitare, fait la cuisine

02-33

A. *Answers will vary.*
B. *Answers will vary.*

02-34

1. la place
2. un marché
3. le théâtre
4. le cinéma
5. le musée
6. le stade
7. la piscine
8. le gymnase

02-35

1. église
2. monument
3. librairie
4. mairie
5. gymnase
6. piscine

02-36

1. Selected items: au gymnase, au stade, au parc
2. Selected items: au théâtre, au musée
3. Selected items: au restaurant, au café
4. Selected items: à la mairie, à la piscine municipale, au parc

5. Selected items: à la bibliothèque, au café
6. Selected items: au parc, au marché

02-37

1. d
2. g
3. f
4. c
5. e
6. h
7. b
8. a

02-38

1. en général
2. bientôt
3. bientôt
4. en général
5. bientôt
6. bientôt
7. en général
8. en général

02-39

1. Je vais
2. Tu vas
3. je vais
4. mes parents vont
5. il va
6. nous allons
7. Vous n'allez pas

02-40

1. allez au musée / allez au parc
2. vais au théâtre
3. allons au restaurant / allons au café
4. vont à la bibliothèque / vont à la librairie

5. vas au stade / vas au parc

6. va à l'église / va à la mairie

02-41

1. vais regarder

2. n'allons pas jouer

3. ne va pas travailler

4. vont écouter

5. vais aller

02-42

Answers will vary.

02-43

1. .

2. ?

3. !

4. ?

5. !

6. !

02-44

1. e

2. a

3. b

4. d

5. f

6. c

02-45

1. Ferme

2. Ne regardez pas

3. Écoute

4. Ne joue pas

5. Ne va pas

6. Faites

02-46

1. Travaillons / Ne travaillons pas

2. Faisons / Ne faisons pas

3. Restons / Ne restons pas

4. Jouons / Ne jouons pas

5. Invitons / N'invitons pas

6. Écoutons / N'écoutons pas

02-47

Answers will vary.

02-48

Selected items: un concert, une exposition, un match de basket, un tournoi de golf

Selected items: au gymnase, à la mairie, au parc, au stade

Selected items: assistez à, écoutez, faites, mangez, préparez

02-49

A. *Answers will vary.*

B. *Answers will vary.*

02-50

1. a quest or a search, women are looking for the ideal man

2. *Answers will vary.*

02-51

1. Selected items: cultivé, sensible, généreux, sympathique, intelligent

2. Selected items: grand, brun

3. Selected item: bêtes

4. Selected item: intellectual qualities

02-52

Answers will vary.

02-53

1. *Answers will vary.*

2. talking, eating, going to town, loving

02-54

Selected items: le basket-ball, le cyclisme, le football, le jogging, le patin en ligne, le patin à roues alignées, la promenade en autoneige, en motoneige, la promenade en traîneau à chiens, le ski, le tennis

02-55

1. f
2. a
3. e
4. g
5. h
6. d
7. c
8. b

02-56

Jean-Claude : le football, le rugby / le rugby, le football

Christine : l'aquagym, le fitness / le fitness, l'aquagym

Agathe : le dessin, la danse / la danse, le dessin

Tristan : le judo, la natation / la natation, le judo

02-57

Answers will vary.

Chapitre 3
Métro, boulot, dodo

03-01

1. se lever
2. se laver
3. s'essuyer
4. s'habiller
5. se coiffer
6. se brosser

03-02

1. b
2. d
3. e
4. g
5. f
6. a
7. c

03-03

1. b
2. b, c
3. a, b
4. c
5. a, c
6. a, c

03-04

1. du shampooing
2. une serviette
3. un peigne
4. du maquillage
5. du dentifrice
6. un savon

03-05

1. logique
2. illogique
3. logique
4. logique

5. illogique

6. logique

03-06

1. se réveillent

2. s'endort

3. se lève

4. se douche

5. s'habille

6. s'endorment

03-07

1. Je me réveille

2. vous vous levez

3. je me lève

4. elle ne se réveille pas

5. elle se lave

6. vous vous couchez

7. on se couche

8. on s'endort

03-08

Answers will vary.

03-09

1. Brossez-vous

2. Ne joue pas

3. Ne mangez pas

4. Lave-toi / Essuie-toi

5. Essuyez-vous

6. Brossez-vous / Lavez-vous

03-10

1. a

2. b

3. b

4. a

5. b

6. a

03-11

1. trop de / beaucoup de / assez de / peu de

2. trop de / beaucoup de / assez de / peu de

3. trop d'/ beaucoup d' / assez d' / peu d'

4. trop de / beaucoup de / assez de / peu de

5. trop de / beaucoup de / assez de / peu de

6. trop de / beaucoup de / assez de / peu de

03-12

1. beaucoup de

2. peu de

3. rarement

4. souvent

5. quelquefois

6. Tous les

7. assez de

8. un peu

03-13

Answers will vary.

03-14

Answers will vary.

03-15

1. b

2. g

3. a

4. c

5. e

6. f

7. d

03-16

Answers will vary.

03-17

1. non officielle

2. officielle

3. officielle

4. officielle

5. non officielle

6. non officielle

03-18

1. e

2. f

3. b

4. a

5. d

6. g

7. c

03-19

1. 12 h 20, midi vingt

2. 23 h 45, onze heures quarante-cinq du soir / minuit moins le quart

3. 9 h 10, neuf heures dix du matin

4. 20 h 05, huit heures cinq du soir

5. 21 h 00, neuf heures du soir

6. 15 h 30, trois heures et demie de l'après-midi

03-20

Answers will vary.

03-21

1. oui

2. oui

3. non

4. oui

5. non

6. oui

7. non

8. oui

9. oui

10. oui

03-22

1. avec

2. sans

3. avec

4. avec

5. sans

6. avec

03-23

1. 1+

2. 1

3. 1+

4. 1+

5. 1

6. 1

7. 1+

8. 1

03-24

1. sers

2. part

3. dorment

4. servent

5. partons

6. sortons

03-25

1. partons

2. part

3. dorment

4. dort

5. mentons

6. sors

7. sors

8. sert

9. courons

10. cours

03-26

Answers will vary.

03-27

1. 1

2. 1+

3. 1

4. 1+

5. 1+

6. 1

03-28

1. mettent

2. mettons

3. mettez

4. mets

5. met

03-29

Answers will vary.

03-30

1. f

2. a

3. d

4. c

5. e

6. b

03-31

Selected items: film duration, movie titles, name of theater, price of tickets, time of showings

03-32

1. a. 1 h 28

   b. 15 h 00, 17 h 30, 20 h 30

   c. 15 h 00, 21 h 00

2. a. 1 h 52

   b. 11 h 30, 14 h 00, 17 h 00

   c. 19 h 45, 22 h 30

3. a. 1 h 37

   b. 14 h 15, 16 h 45, 19 h 30, 22 h 15

   c. 20 h 15, 22 h 30

4. a. 1 h 46

   b. 14 h 10, 16 h 40, 19 h 45

   c. 16 h 00, 18 h 05, 20 h 15

03-33

Answers will vary.

03-34

1. article d

2. article e

3. article b

4. article g

5. article c

6. article a

7. article h

8. article f

03-35

1. un chemisier

2. une jupe

3. un collant

4. une chemise

5. un pull-over / un pull

6. un pantalon / un jean

7. des chaussures

03-36

1. illogique

2. illogique

3. logique

4. logique

5. logique

6. illogique

7. illogique

8. logique

03-37

1. marron

2. blanc

3. bleu

4. noir

5. rouge

6. orange

7. vert

8. rose

03-38

   1. premier

   2. bel

   3. grand

   4. petite

   5. beau

   6. nouvel

   7. gros

   8. jolie

03-39

   1. bon

   2. vieille

   3. dernier

   4. grande

   5. belle

   6. nouvel

03-40

   1. b

   2. a

   3. b

   4. a

   5. b

03-41

   1. vieil

   2. grande

   3. bon

   4. nouvelle

   5. premier

   6. bel

   7. jolie

   8. gros

03-42

   1. un

   2. plusieurs

   3. plusieurs

   4. un

   5. plusieurs

   6. plusieurs

03-43

   1. nouveaux

   2. jeune

   3. premier

   4. gros

   5. jolies

   6. bon

   7. beaux

   8. dernières

03-44

   1. dernières

   2. bonnes

   3. belles

   4. grands

   5. nouveaux

   6. vieilles

03-45

Answers will vary.

03-46

Answers will vary.

03-47

   1. a. une chemise

      b. vert

      c. 15, 85

      d. 38/40

   2. a. un pantalon

      b. gris

      c. 20, 70

      d. 40/42

   3. a. une jupe

      b. noir

      c. 38, 25

      d. 40/42

03-48

Answers will vary.

03-49

1. *Answers will vary.*

2. *Answers will vary.*

03-50

1. noir, rose

2. noir, blanc

3. noir, rouge

4. noir, bleu

5. noir, vert

6. noir, jaune

7. noir, gris

03-51

Answers will vary.

03-52

1. 7

2. 5

3. 3

4. 4

5. 2

6. x / X

7. 6

8. 1

9. 8

03-53

Answers will vary.

03-54

Answers will vary.

03-55

1. Selected items: une écharpe, un foulard

2. Selected items: a, d, e

3. Selected item: b

4. Selected items: a, c, d

03-56

Answers will vary.

Chapitre 4
Activités par tous les temps

04-01

1. Selected items: C'est l'été., Il y a du soleil., Il fait chaud et il fait lourd.

2. Selected items: Il y a des éclairs., Il y a un orage.

3. Selected items: Il fait beau., Il y a du soleil.

4. Selected items: Il neige., C'est l'hiver., Il gèle.

5. Selected items: Il pleut., Il y a du brouillard.

6. Selected items: Le ciel est couvert., Il fait frais., Il y a des nuages.

04-02

1. d

2. a

3. f

4. b

5. c

6. e

04-03

1. a

2. c

3. a

4. b

5. b

6. c

04-04

1. Il y a du brouillard et du verglas.

2. Il fait froid et il gèle.

3. Il y a beaucoup de vent.

4. Le ciel est couvert et il neige.

5. Il y a des nuages, mais il ne pleut pas.

6. Il fait très chaud.

04-05

1. bon
2. plage
3. lin
4. bonne
5. gant
6. nos
7. ça
8. vent

04-06

1. Selected items: Mon, enfant, dans, vent
2. Selected items: un, bon, restaurant
3. Selected items: Armand, printemps
4. Selected items: Ton, grand-père, quatre-vingt-onze, ans
5. Selected items: bons, vêtements, pendant

04-07

1. l
2. l+
3. l
4. l+
5. l+
6. l

04-08

1. rend visite à
2. rendent visite à
3. rendons visite à
4. rendez visite à
5. rends visite à

04-09

1. rendent
2. répondons
3. entend
4. vendent
5. perdez
6. attends

04-10

1. vend
2. attends
3. perds
4. entendent
5. descendons
6. répondez

04-11

1. hier
2. aujourd'hui
3. hier
4. aujourd'hui
5. hier
6. hier

04-12

1. a dormi
2. avons joué
3. avez fait
4. as écouté
5. ai rendu visite
6. a préparé

04-13

1. e
2. c
3. f
4. b
5. d
6. a

04-14

1. n'ont pas acheté
2. n'avons pas dormi
3. n'ai pas eu envie
4. n'a pas mis
5. n'ai pas menti
6. n'ont pas été

04-15

Selected items: Il fait frais., Le ciel est couvert., Il y a du vent., Le ciel est gris.

04-16

A.

1. Il y a du vent.
2. Il fait assez frais.
3. Le ciel est couvert.
4. Il y a du soleil.

B.

5. 12°C
6. 8°C
7. 16°C
8. 19°C

04-17

A. *Answers will vary.*
B. *Answers will vary.*

04-18

1. f
2. d
3. a
4. c
5. b
6. e

04-19

1. b
2. a
3. c
4. b
5. c

04-20

1. c
2. b
3. c, d
4. c, d
5. a
6. a

04-21

1. camping
2. projets
3. billet
4. montagne
5. destination
6. pêche
7. bronzer
8. randonnée

04-22

1. 2
2. 1
3. 1
4. 1
5. 2
6. 0

04-23

Repeat after the speaker.

04-24

1. hier
2. hier
3. aujourd'hui
4. hier
5. aujourd'hui
6. hier

04-25

1. suis arrivée
2. es parti

3. suis allé

4. as fait

5. avons rendu

6. sont revenues

7. ont téléphoné

8. n'ont pas parlé

04-26

1. sont venues

2. sommes allées

3. sont restées

4. suis descendue

5. est passé

6. êtes tombée

7. suis devenue

8. est revenu

9. sommes sortis

04-27

1. s'est réveillé

2. se sont levées

3. nous sommes endormis /
   nous sommes endormies

4. t'es rasé

5. me suis dépêché / me suis
   dépêchée

04-28

1. logique

2. illogique

3. illogique

4. logique

5. illogique

6. logique

04-29

1. quelle

2. Quel

3. Quelle

4. Quels

5. Quelle

6. Quels

04-30

1. Quelle

2. Quels

3. Quels

4. Quelles

5. Quelle

6. Quel

04-31

1. Leblanc.

2. à 14 h 30.

3. Il fait beau.

4. 6 et 8 ans.

5. Grasse et Cannes.

6. le 31 août.

04-32

Answers will vary.

04-33

1. Il a fait froid., On a fait du
   shopping en ville.

2. Il a fait bon., Il y a eu un
   orage., Nous sommes allés
   nager à la plage., Nous avons
   dû retourner à l'hôtel.

3. Il a fait mauvais., On a joué
   aux cartes à l'hôtel.

4. Il a fait un temps
   magnifique., Nous sommes
   rentrés à Paris.

04-34

A. *Answers will vary.*

B. *Answers will vary.*

04-35

1. e

2. c

3. f

4. a

5. d

6. b

04-36

1. b
2. c
3. b
4. a
5. c
6. `b

04-37

1. a
2. b
3. a
4. a
5. a
6. b

04-38

Answers will vary.

04-39

1. b
2. f
3. e
4. a
5. d
6. c

04-40

1. suggère un dîner au restaurant
2. suggère une partie de Scrabble
3. suggérons un match de tennis
4. suggères un film au cinéma
5. suggèrent un dîner chez des amis
6. suggérez un concert de musique classique

04-41

1. Il préfère manger au restaurant
2. Elles préfèrent faire du surf
3. Il préfère aller à un concert
4. Elles préfèrent bronzer à la plage
5. Il préfère passer une soirée tranquille
6. Elle préfère accepter une invitation

04-42

1. Nous préférons
2. Karl suggère de
3. Paul préfère
4. on préfère
5. vous suggérez
6. je préfère

04-43

1. épeler / Épeler
2. se lever / Se lever
3. appeler / Appeler
4. acheter / Acheter
5. jeter / Jeter
6. amener / Amener

04-44

1. achète
2. achètent
3. achetez
4. achetons
5. achètes

04-45

1. Il épelle / il épelle, Nous épelons / nous épelons
2. Vous jetez / vous jetez, Je jette / je jette
3. Je me lève / je me lève, vous vous levez / Vous vous levez
4. Tu appelles / tu appelles, Nous appelons / nous appelons

04-46

1. achetons
2. appelles
3. amène
4. épelles
5. jette

04-47

Answers will vary.

04-48

1. a. un festival de cinéma en plein air
   b. 22 h 00
   c. 6 euros
2. a. une pièce de théâtre
   b. 21 h 30
   c. 25 euros
3. a. écouter un trio de jazz
   b. 21 h 00
   c. 5 euros

04-49

A. *Answers will vary.*
B. *Answers will vary.*

04-50

Answers will vary.

04-51

1. Selected item: Comme il pleut sur la ville
2. Selected items: Ô bruit doux de la pluie; Par terre et sur les toits !, Ô le chant de la pluie !
3. Selected items: a, c, d, e
4. Selected items: a, d

04-52

1. *Answers will vary.*
2. *Answers will vary.*

04-53

Selected items: danser, bronzer, faire du bateau, faire une course de chiens en traîneau, faire de la luge, faire de la natation, faire de la pêche, faire des promenades, faire du shopping, faire du tourisme, goûter des spécialités régionales, jouer aux boules

04-54

Answers will vary.

04-55

Answers will vary.

04-56

1. Selected items: la Gaspésie; l'île Bonaventure, le Rocher Percé, la région de Montréal, la région de Québec
2. Selected items: A. C'est très beau. ; On peut nager. ; On peut aller à la pêche. ; On peut faire du bateau ; B. On peut observer la nature.
3. Selected item: beauty

04-57

Answers will vary.

Chapitre 5
Du marché à la table

05-01

1. boisson chaude
2. quelque chose à manger
3. boisson rafraîchissante
4. quelque chose à manger
5. boisson chaude
6. quelque chose à manger

05-02

1. a, c
2. b, c
3. a, b
4. a, c
5. b, c
6. a, c

05-03

1. b
2. a
3. i
4. h
5. m
6. f
7. n
8. o
9. j
10. e
11. d
12. g
13. k
14. l
15. c

05-04

1. une assiette de crudités / des crudités
2. un croque-monsieur
3. un coca
4. une glace / une glace au chocolat
5. une bière
6. un sandwich au jambon
7. des frites
8. un café crème / un café

05-05

1. sûr, du
2. Lucie, pull, une, jupe
3. tu, sucre
4. musique, bureau
5. suggère, crudités

05-06

1. bu
2. souk
3. jus
4. vu
5. boule
6. rue
7. su
8. pou

05-07

1. l
2. l+
3. l+
4. l
5. l+
6. l

05-08

1. Je bois
2. Tu bois
3. Vous buvez
4. Nous buvons / On boit
5. Elles boivent

05-09

1. prend
2. prenons
3. prennent
4. prends
5. prennent

05-10

1. e
2. d
3. a
4. f
5. c
6. b

05-11

1. a
2. b
3. b
4. a
5. b
6. a

05-12

1. logique
2. illogique
3. logique
4. logique
5. logique
6. illogique

05-13

1. n'aime pas le sucre / déteste le sucre / n'aime pas beaucoup le sucre
2. adore le lait / aime le lait / aime bien le lait / aime beaucoup le lait
3. adore la pizza / aime la pizza / aime bien la pizza / aime beaucoup la pizza
4. n'aime pas l'eau minérale / déteste l'eau minérale / n'aime pas beaucoup l'eau minérale
5. adore la glace / aime la glace / aime bien la glace / aime beaucoup la glace

05-14

1. a, b
2. c
3. b, c
4. a, b
5. a, c
6. b

05-15

Answers will vary.

05-16

Answers will vary.

05-17

1. Selected item: un café
2. Selected item: un thé citron
3. Selected item: un coca
4. Selected items: des frites, de la pizza, du sucre
5. Selected item: douze euros

05-18

A. *Answers will vary.*
B. *Answers will vary.*

05-19

1. b
2. d
3. a
4. e
5. c

05-20

1. f
2. a
3. e

4. b

5. d

6. c

05-21

1. confiture

2. oeufs

3. rôtie

4. pomme

5. yaourt

6. banane

7. chocolat

8. beurre

05-22

1. des asperges

2. du poulet

3. des haricots verts

4. des pommes de terre

5 de la glace

6. de la tarte

05-23

1. Selected items: œufs, deux

2. Selected items: ambitieux, ennuyeux

3. Selected items: neveu, sérieux, jeux

4. Selected item: nombreux

5. Selected item: paresseux

05-24

1. /ø/

2. /œ/

3. /œ/

4. /ø/

5. /ø/

6. /œ/

05-25

1. e

2. d

3. a

4. f

5. c

6. b

05-26

1. Avec qui est-ce que

2. Qui

3. Qu'est-ce que

4. Qu'est-ce que

5. Avec quoi est-ce que

6. Qui est-ce que

05-27

1. des sandwichs au jambon

2. à ma femme

3. du vin rouge

4. de nos devoirs

5. une salade

6. un thé

05-28

1. a

2. c

3. b

4. a

5. c

6. b

05-29

1. 1+

2. 1

3. 1+

4. 1

5. 1

6. 1+

05-30

1. rougis

2. finis

3. grossissons

4. grandissent

5. réussissez

6. pâlissent

05-31

1. réfléchissons

2. grossis

3. obéissent

4. réussissez

5. maigris / grossis

6. choisissez

05-32

1. rougissent

2. désobéit

3. punissez

4. réfléchissons

5. choisis

6. grandit

05-33

Answers will vary.

05-34

1. Selected items: des bananes, des haricots verts, du jambon, des pommes de terre, du poulet

2. Selected items: du bacon, des poires, du poisson

05-35

A. *Answers will vary.*

B. *Answers will vary.*

05-36

1. pâtisserie

2. poissonnerie

3. surgelés

4. boulangerie

5. boucherie

6. charcuterie

05-37

1. c

2. c

3. b

4. a

5. b

6. c

05-38

1. X / X / des petits pois / X

2. X / un pain de mie / X / X

3. du bifteck haché / X / X / X

4. X / X / X / du saumon

5. des plats préparés / X / X / X

6. X / X / des épinards / X

7. X / X / du raisin / X

8. du pâté / X / X / X

05-39

Answers will vary.

05-40

1. un paquet de

2. un pot de

3. un demi-kilo de

4. un peu de

5. un demi-litre de

6. un kilo de

05-41

1. un paquet de

2. une tranche de

3. deux bouteilles de

4. un pot de

5. un morceau de

6. une boîte de

05-42

1. a, c

2. a, b

3. b, c

4. a, b

5. a, b

6. a, c

05-43

1. d

2. f

3. e

4. c

5. a

6. b

05-44

1. a

2. b

3. b

4. a

5. a

6. b

05-45

1. f

2. a

3. e

4. c

5. d

6. b

05-46

1. en a ; acheté

2. en acheter

3. en achète

4. en achète

5. en a ; acheté

6. en acheter

7. en achète

05-47

1. logique

2. illogique

3. illogique

4. logique

5. illogique

6. logique

05-48

Answers will vary.

05-49

1. a. 2

   b. 1

   c. X

   d. 3

   e. X

2. a. deux bouteilles de lait

   b. un pot de moutarde

   c. un kilo de carottes

05-50

A. *Answers will vary.*

B. *Answers will vary.*

05-51

Answers will vary.

05-52

1. b

2. c

3. a, c, d

4. b, c, d, f, g

5. d

05-53

Answers will vary.

05-54

Selected items: lapin provençal, la paella, les pâtisseries, la ratatouille, les crêpes, la sauce béchamel, le couscous

05-55

Answers will vary.

05-56

Answers will vary.

05-57

1. c
2. e
3. b
4. a
5. d

05-58

Answers will vary.

Chapitre 6
Nous sommes chez nous

06-01

1. la cuisine
2. le garage
3. la chambre / les chambres
4. la salle à manger / la cuisine
5. la salle de bains
6. la terrasse / le balcon / le jardin

06-02

1. a
2. b
3. b
4. a
5. b
6. a

06-03

1. balcon
2. propriétaire
3. étage
4. studio
5. voisin
6. escaliers
7. animé
8. locataire

06-04

1. deuxième, 206
2. septième, 712
3. quatrième, 401
4. sixième, 609
5. neuvième, 928
6. troisième, 307

06-05

1. un studio en centre-ville
2. une petite cuisine, une assez grande salle de bains et une chambre
3. huitième
4. 420 euros par mois
5. il n'y a pas d'ascenseur
6. un cinq pièces dans un quartier résidentiel
7. trois chambres, un séjour et une salle à manger
8. cinquième
9. 900 euros par mois
10. C'est un nouvel immeuble avec ascenseur

06-06

1. 81600
2. 95710
3. 34230
4. 62180
5. 46090
6. 71540

06-07

1. 1 830
2. 4 870
3. 5 760
4. 11 910
5. 13 520
6. 16 740

06-08

1. c
2. e
3. d
4. f
5. a
6. b

06-09

1. huit-mille-deux-cent-un
2. vingt-trois-mille-cinq-cent-quatre-vingt-six
3. cinq-cent-trente-mille-deux-cent-cinquante-quatre
4. sept-cent-quarante-mille-huit-cent-quatre-vingt-dix
5. un-million-six-cent-soixante-mille-deux-cent-cinquante-huit

06-10

1. la
2. les
3. la
4. le
5. les
6. la

06-11

1. e
2. g
3. c
4. f
5. b
6. a
7. d

06-12

1. a
2. a
3. b
4. a
5. b
6. b

06-13

1. les
2. le
3. la

4. l'

5. les

06-14

Selected items: un étage, un quartier, le loyer, un appartement, animé

06-15

A.

1. appartement

2. 6e étage

3. à l'extérieur de la ville

4. un balcon

5. 850 euros avec les charges

B.

6. studio

7. en centre-ville

8. au rez-de-chaussée

9. tranquille

10. sans les charges

C.

11. appartement

12. 10e étage

13. dans un quartier résidentiel

14. un ascenseur

15. 850 euros avec les charges

06-16

A. *Answers will vary.*

B. *Answers will vary.*

06-17

1. oui

2. oui

3. non

4. oui

5. non

6. non

06-18

1. Oui, il y a un / Non, il n'y a pas de

2. Oui, il y a un / Non, il n'y a pas de

3. Oui, il y a une / Non, il n'y a pas d'

4. Oui, il y a des / Non, il n'y a pas de

5. Oui, il y a des / Non, il n'y a pas de

6. Oui, il y a un / Non, il n'y a pas de

7. Oui, il y a un / Non, il n'y a pas de

06-19

1. Le loyer

2. meublé

3. abîmés

4. Le lit

5. rideaux

6. armoire

7. spacieux

8. par terre

06-20

1. b

2. a

3. b

4. a

5. a

6. b

06-21

1. leur

2. lui

3. leur

4. lui

5. lui

06-22

1. illogique
2. logique
3. logique
4. logique
5. logique
6. illogique

06-23

Answers will vary.

06-24

1. leur ai donné
2. lui ai téléphoné
3. lui ai remis
4. leur ai rendu visite
5. leur ai demandé
6. lui ai apporté

06-25

1. logique
2. logique
3. illogique
4. logique
5. illogique
6. logique

06-26

1. m'
2. vous
3. t'
4. nous
5. vous
6. m'

06-27

1. te
2. leur
3. lui
4. vous
5. me
6. nous

06-28

1. b
2. a
3. a
4. b
5. a
6. b

06-29

Answers will vary.

06-30

1. un appartement
2. en centre-ville
3. trois-pièces : un séjour et deux chambres
4. une baignoire, une douche, des W.-C., peu de placards, deux gros fauteuils, une table, quatre chaises, deux lits
5. une salle de bains moderne, une chambre d'amis
6. pas d'ascenseur, une vieille cuisine

06-31

A. *Answers will vary.*
B. *Answers will vary.*

06-32

1. campagne
2. ville
3. campagne
4. campagne
5. ville
6. ville

06-33

1. à la montagne
2. d'une rivière
3. une forêt
4. sur les collines

5. au lac

6. son potager

06-34

1. une colline

2. un lac

3. un fleuve

4. un champ

5. un bois

6. une vallée

06-35

1. f

2. c

3. b

4. a

5. d

6. e

06-36

1. loyer

2. étudiant

3. crayon

4. fruitier

5. essuyer

6. brille

06-37

Repeat after the speaker.

06-38

1. question

2. suggestion

3. question

4. suggestion

5. suggestion

6. question

06-39

1. faisiez

2. fermiez

3. prépariez

4. parliez

5. fermais

6. mettais

7. mangeais

8. allais

06-40

1. faisiez

2. jardinaient

3. allais

4. nous détendions

5. se promenaient

6. jouions

06-41

1. a

2. b

3. b

4. c

5. b

6. c

06-42

1. avait

2. jouait

3. faisais

4. allions

5. partait / allait

06-43

1. b

2. a

3. b

4. b

5. a

6. a

06-44

1. on mettait

2. on arrivait

3. c'était

4. nous ne faisions

5. nous allions

6. Je me couchais / je me couchais

7. je trouvais

06-45

Answers will vary.

06-46

Answers will vary.

06-47

1. Elle s'est occupée du potager. ; Elle s'est détendue dans le jardin.

2. Il a bricolé. ; Il est allé à la pêche.

3. Ils ont fait du jardinage. ; Ils ont fait les courses. ; Ils sont restés à la maison. ; Ils ont regardé la télé.

4. Elle est allée au cinéma avec des amies.

06-48

A. *Answers will vary.*

B. *Answers will vary.*

06-49

Answers will vary.

06-50

1. closed

2. difficult

3. strange questions

4. already taken

5. speaks to him

6. doesn't exist

7. some

8. sad

06-51

Answers will vary.

06-52

A.

1. 20 / vingt

B.

2. 1

3. 3

4. 6

5. 4

6. 2

7. 5

C.

8. le marché / le parc / les gens / les gens sympathiques / les gens sympas

9. le parc / le marché / les gens / les gens sympathiques / les gens sympas

10. les gens / le parc / le marché / les gens sympathiques / les gens sympas

06-53

1. *Answers will vary.*

2. *Answers will vary.*

3. *Answers will vary.*

06-54

Selected items: its twelfth-century church, its medieval chateau, its small shady squares, its fountains, its countryside

06-55

1. the fountains / the countryside

2. the countryside / the fountains

06-56

Answers will vary.

Chapitre 7
La santé et le bien-être

07-01

1. aux yeux / à la tête
2. au ventre / au cœur / au coeur / à l'estomac
3. aux pieds / aux jambes
4. à la jambe / aux jambes / au dos / aux bras / au bras / aux pieds / au pied / partout
5. aux oreilles / à la tête

07-02

1. logique
2. logique
3. illogique
4. illogique
5. logique
6. illogique

07-03

1. en forme
2. en forme
3. pas en forme
4. pas en forme
5. en forme
6. pas en forme

07-04

1. c
2. d
3. f
4. b
5. a

07-05

1. le cousin
2. un désert
3. la casse
4. des poisons

5. ils sont
6. décider
7. la base
8. nous avons

07-06

Repeat after the speaker.

07-07

1. vouloir
2. pouvoir
3. devoir
4. devoir
5. vouloir
6. pouvoir
7. vouloir
8. devoir

07-08

1. pouvons
2. doivent
3. peux
4. dois
5. veut
6. veulent

07-09

1. doit
2. devez
3. devons
4. doivent
5. dois

07-10

1. veux faire de la musculation mais tu ne peux pas. Tu dois aller chez le médecin.
2. veulent dormir huit heures par nuit mais ils ne peuvent pas. Ils doivent étudier pour leurs examens.

3. voulons assister à un concert, mais nous ne pouvons pas. Nous devons travailler.

4. veut jouer au tennis, mais il ne peut pas. Il doit aller chez le dentiste.

5. voulez regarder un match de basket, mais vous ne pouvez pas. Vous devez faire du jardinage.

07-11

1. background
2. background
3. background
4. action
5. action
6. background

07-12

1. habitait
2. préparait
3. a dit
4. a décidé
5. s'est réveillée, se réveillait
6. faisait
7. a décidé
8. a découvert
9. a ouvert
10. est entrée
11. avait
12. a goûté
13. était
14. était
15. était
16. a mangé
17. était
18. a monté
19. avait
20. a essayé
21. c'était

22. s'est endormie
23. dormait
24. sont rentrés

07-13

1. c
2. a
3. e
4. b
5. d
6. f

07-14

1. a
2. c
3. a
4. b
5. c
6. b

07-15

Answers will vary.

07-16

1. b
2. a, c
3. b, c
4. b

07-17

Answers will vary.

07-18

1. c
2. e
3. a
4. d
5. f
6. b

07-19

1. C'est quand je suis née.
2. C'est le jour des Rois.

3. C'est mon baptême.

4. C'est Noël.

5. C'est mon anniversaire.

6. Ici, nous sommes en vacances.

07-20

1. a
2. b
3. a
4. c
5. b
6. c

07-21

1. d
2. c
3. f
4. a
5. b
6. e

07-22

1. habitude
2. évènements
3. habitude
4. habitude
5. évènements
6. évènements

07-23

1. jouait
2. regardaient
3. faisait
4. faisiez
5. avions
6. mangeais / prenais / partageais

07-24

1. a eu
2. se levait

3. a fait
4. est rentrée
5. révisait
6. est, sortie

07-25

1. s'habillait, est arrivé
2. mangeait, a téléphoné
3. allait, a rencontré
4. parlait, est arrivé
5. se dépêchait, est tombé

07-26

1. cette
2. ce
3. ces
4. cette
5. cet
6. ce

07-27

1. cette
2. Cette
3. cet
4. ces
5. ce
6. ce
7. ce
8. cette

07-28

1. Ce gâteau
2. Ces bougies
3. Ce CD
4. Ce DVD
5. Cette affiche
6. Ces chocolats

07-29

1. Ce cadeau
2. Ce gâteau

3. Ces fleurs

4. Cet anniversaire

5. Ces cartes

6. Cette fête

07-30

Answers will vary.

07-31

1. a

2. b

3. c

4. b

07-32

A. *Answers will vary.*

B. *Answers will vary.*

07-33

1. b

2. b

3. a

4. c

5. a

07-34

1. Image c

2. Image e

3. Image b

4. Image d

5. Image a

07-35

1. amoureux

2. embarrassé

3. ravie

4. malheureux

5. inquiet

6. triste

7. anxieux

8. jalouse

07-36

1. a, b

2. a, c

3. b, c

4. b

5. a, b

6. a, c

07-37

1. a

2. c

3. b

4. b

5. c

6. a

07-38

1. nous téléphonons

2. vous intéressez

3. se rappelle

4. s'ennuient

5. s'entendent

6. te fâches

07-39

Answers will vary.

07-40

1. se dépêche

2. s'ennuie

3. se fâche

4. se repose

5. se fait du souci

07-41

1. ne le connaît pas / le connaît

2. le connaissent / ne le connaissent pas

3. le connaissons / ne le connaissons pas

4. le connais

5. ne le connaissons pas / le connaissons

6. ne le connais pas / le connais

07-42

1. logique
2. illogique
3. logique
4. logique
5. logique
6. illogique

07-43

1. c
2. f
3. e
4. b
5. a
6. d

07-44

1. a
2. c
3. a
4. b
5. c
6. c

07-45

Answers will vary.

07-46

A.

1. e
2. c
3. a
4. b
5. d

B.

6. a
7. d
8. e
9. c
10. b

07-47

Answers will vary.

07-48

Answers will vary.

07-49

1. early in the morning
2. on foot
3. dreamy, happy, optimistic
4. her mother's mood
5. The mother would be assertive; The mother would demand help in French; The mother would sometimes be waited on by a neighbor; The daughter would have pleasant conversations
6. The mother would speak English from the start with lots of gestures; The mother would be misunderstood by the store employees

07-50

Answers will vary.

07-51

1. a, b, c
2. a, c, d
3. b, c, d

07-52

Answers will vary.

07-53

Answers will vary.

07-54

1. b

2. b

3. b

4. c

5. a

6. b

07-55

Answers will vary.

Chapitre 8
Études et professions

08-01

1. l'infirmerie

2. associations étudiantes / associations

3. une cafétéria / la cafétéria / un restaurant universitaire / le restaurant universitaire / un resto U / le resto U

4. un café / le café

5. une bibliothèque / la bibliothèque / une bibliothèque universitaire / la bibliothèque universitaire / la BU / une BU

6. le bureau des inscriptions

7. des résidences / les résidences

8. les terrains de sport

08-02

1. la BU

2. l'amphithéâtre

3. les bureaux administratifs

4. la salle informatique

5. le labo de chimie

6. le bureau du professeur

08-03

1. devant

2. à gauche

3. à côté

4. près

5. derrière

6. en face

08-04

Answers will vary.

08-05

1. /ɛ/
2. /e/
3. /e/
4. /ɛ/
5. /e/
6. /ɛ/
7. /e/
8. /ɛ/

08-06

1. préfère, faire
2. Arrête, bibliothèque
3. Elle, déteste, crêpes
4. trimestre, dictionnaire
5. dernière, semaine, restaurant, universitaire

08-07

1. b
2. c
3. b
4. a
5. c

08-08

1. autant de
2. moins de
3. plus de
4. autant de
5. plus d'
6. moins de

08-09

1. moins
2. plus
3. autant
4. mieux
5. aussi
6. plus

08-10

1. le moins souvent
2. le plus d'exercice
3. le plus d'amis
4. le mieux
5. le moins
6. le moins de devoirs

08-11

1. logique
2. illogique
3. logique
4. logique
5. illogique
6. illogique

08-12

1. ne, jamais
2. ne, personne
3. ne, jamais
4. ne, rien
5. ne, personne
6. n', rien

08-13

1. b
2. a
3. c
4. a
5. c
6. b

08-14

1. quelquefois
2. quelqu'un
3. quelque chose
4. quelquefois
5. quelqu'un
6. quelquefois

08-15

Answers will vary.

08-16

1. au café / le café / un café / café
2. la piscine / une piscine / à la piscine / piscine
3. travailler / pour travailler / travaille
4. jouer aux échecs / joue aux échecs
5. nager / nage / natation / la natation / faire de la natation / fait de la natation
6. en face du gymnase
7. derrière le centre sportif / près de la station de métro / pas très loin de la station de métro
8. près de la station de métro / pas très loin de la station de métro / derrière le centre sportif
9. en face de l'infirmerie

08-17

A. *Answers will vary.*
B. *Answers will vary.*

08-18

1. d
2. c
3. e
4. f
5. a
6. g
7. b

08-19

1. biologie, mathématiques
2. informatique, allemand
3. chimie, laboratoire de chimie
4. peinture, informatique
5. mathématiques, laboratoire de biologie

08-20

1. philosophie / la philosophie
2. psychologie / la psychologie
3. botanique / la botanique
4. chimie / la chimie
5. gestion / la gestion
6. musique / la musique
7. danse / la danse

08-21

1. en informatique
2. en zoologie
3. en sciences politiques
4. en arts du spectacle
5. en relations internationales
6. en médecine

08-22

1. /o/
2. /ɔ/
3. /ɔ/
4. /o/
5. /ɔ/
6. /o/
7. /ɔ/
8. /o/
9. /o/
10. /ɔ/

08-23

Repeat after the speaker.

08-24

1. 1
2. 1
3. 1+
4. 1

5. 1+

6. 1+

08-25

1. écrivons un mail
2. écris une autobiographie
3. écrivez une critique
4. écrivent un article
5. écrit une pièce de théâtre / écrit un poème / écrit un roman

08-26

1. lisent
2. dit
3. dis
4. lisent
5. écris
6. écrit

08-27

1. Elle lit
2. Nous lisons
3. Ils lisent
4. Tu lis
5. Je lis

08-28

1. plus grande que
2. moins diverse que
3. aussi nombreux que
4. meilleure que
5. moins vieille que
6. meilleur que

08-29

1. sa sœur
2. les deux
3. son frère
4. les deux
5. sa sœur
6. son frère

7. les deux

8. les deux

08-30

Answers will vary.

08-31

1. a
2. a
3. b
4. a
5. b
6. a

08-32

Answers will vary.

08-33

1. la comptabilité
2. la gestion
3. les sciences physiques
4. la chimie
5. la physique
6. les lettres
7. l'anglais
8. l'espagnol
9. la philosophie

08-34

A. *Answers will vary.*
B. *Answers will vary.*

08-35

1. f
2. h
3. b
4. g
5. a
6. e
7. d
8. c

08-36

1. comptable
2. musicien
3. avocate
4. professeur
5. dentiste
6. informaticienne
7. artistes
8. serveuse

08-37

1. journaliste scientifique, professeur
2. acteur, chanteur
3. avocate, fonctionnaire
4. informaticien, ingénieur
5. infirmier, médecin, pharmacien
6. journaliste, professeur, secrétaire

08-38

1. a le plus souvent contact avec les gens
2. est doué avec les nombres
3. cherche à aider les gens
4. a le sens du contact avec les gens
5. a un salaire très important
6. est assez autonome dans son travail

08-39

1. Elle est, C'est
2. Il est, C'est
3. C'est, Elle est
4. Il est, C'est
5. C'est, Il est

08-40

1. d
2. e
3. a
4. f
5. b
6. c

08-41

1. C'est une bonne fonctionnaire.
2. Elle est assistante sociale.
3. Elle est musicienne.
4. C'est un avocat intelligent.
5. Elle est factrice.
6. C'est un ingénieur ambitieux.

08-42

1. b
2. a
3. c
4. c
5. a
6. b

08-43

1. 1+
2. 1+
3. 1
4. 1+
5. 1
6. 1+

08-44

1. reviennent de la piscine / reviennent du centre sportif
2. revient de la résidence / revient de sa chambre
3. revenons de la bibliothèque
4. reviennent du labo / reviennent du laboratoire / reviennent du labo de chimie / reviennent du laboratoire de chimie
5. reviens de l'infirmerie

08-45

  1. obtient

  2. devient

  3. maintient

  4. soutient

  5. devient

  6. vient

08-46

  1. action récente

  2. origine

  3. action récente

  4. origine

  5. origine

  6. action récente

08-47

Answers will vary.

08-48

  1. b

  2. c

  3. a

08-49

Answers will vary.

08-50

  1. feelings about his job, job description, place of work, work schedule

  2. information about crime scenes, information about criminals

08-51

  1. analyzing facts, filling out information forms, filing forms

  2. journalists, police officers

  3. age, caliber of bullet, place, profession, reputation, time, weapon

08-52

Answers will vary.

08-53

  1. c

  2. b

  3. a, b, c

  4. b

08-54

Answers will vary.

08-55

  1. b

  2. b, c, d, e

08-56

Answers will vary.

Chapitre 9
Voyageons !

09-01

1. l'avion, en bateau
2. l'avion, en voiture
3. l'avion, en minibus
4. l'avion, en voiture
5. l'avion, en car
6. l'avion, à pied, à vélo

09-02

1. en bateau
2. le train
3. en avion
4. à moto
5. le métro
6. une voiture

09-03

1. dans la valise
2. dans le sac à dos
3. dans la valise
4. dans la valise
5. dans le sac à dos
6. dans le sac à dos
7. dans le sac à dos
8. dans la valise
9. dans le sac à dos
10. dans le sac à dos

09-04

1. b
2. e
3. a
4. f
5. c
6. d

09-05

Repeat after the speaker.

09-06

Repeat after the speaker.

09-07

1. c'est moins sûr
2. c'est sûr
3. c'est moins sûr
4. c'est sûr
5. c'est moins sûr
6. c'est sûr

09-08

1. voyageront
2. serons, aurons
3. habiterons, travaillerons
4. saurai
5. fera
6. sera

09-09

1. téléphonerai
2. irons
3. chercherez
4. ferons
5. descendront
6. appellera

09-10

Answers will vary.

09-11

1. b, c
2. a, b, c
3. d
4. c, d
5. a, d
6. b

09-12

1. c
2. e
3. a

4. d

5. f

6. b

09-13

1. j'y allais

2. il y est allé / le prof y est allé / il y est déjà allé / le prof y est déjà allé

3. Je vais y passer / Je vais y aller

4. ils y ont passé / mes parents y ont passé

5. Je vais y dîner

6. J'y vais

09-14

1. on y reste

2. on y passe

3. j'y suis déjà allé

4. il y passe

5. je vais y aller

6. nous y allons

09-15

un passeport, une carte de crédit, un porte-monnaie

09-16

1. un appareil numérique, des lunettes de soleil, un plan de la ville, un porte-monnaie

2. a, c, d, f

09-17

A. *Answers will vary.*

B. *Answers will vary.*

09-18

1. le Sénégal / le Cameroun, le Cameroun / le Sénégal

2. la Chine / le Japon, le Japon / la Chine

3. la Colombie /l'Argentine, la Colombie / l'Argentine

4. la Suisse / l'Allemagne, la Suisse / l'Allemagne

5. la France / la Belgique, la France / la Belgique

09-19

1. Mexique

2. Portugal

3. Allemagne

4. Japon

5. Argentine

6. Côte d'Ivoire

09-20

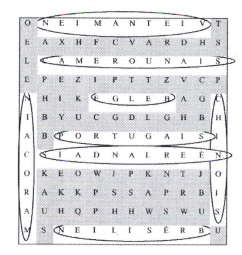

09-21

1. en

2. en

3. en

4. au

5. aux

6. au

7. en

8. en

9. en

10. au

11. aux

12. au

13. au

09-22

1. a

2. c

3. b

4. b

5. c

6. a

09-23

1. e

2. c

3. d

4. a

5. f

6. b

09-24

1. a

2. b

3. b

4. a

5. a

6. b

09-25

1. il faut avoir un visa.

2. il vaut mieux consulter la météo avant de partir.

3. il vaudrait mieux réviser son français.

4. il faut aller en Italie.

5. il faut avoir un passeport.

6. il est utile d'acheter des tickets de métro.

09-26

1. a, b, d

2. a, c

3. a, d

4. b, c

5. a, c

6. a, b, c

09-27

1. essentiel

2. recommandé

3. essentiel

4. essentiel

5. recommandé

6. essentiel

09-28

1. qu'il dorme

2. que vous prépariez / que nous préparions

3. qu'ils se reposent

4. qu'elle finisse

5. qu'elle perde

6. que nous sortions / que vous sortiez

09-29

1. a

2. a

3. c

4. b

5. c

6. a

09-30

1. dormes

2. finisses

3. oubliions

4. t'aident

5. choisisses

6. répondes

09-31

Answers will vary.

09-32

1. la Tunisie, l'Italie, la Martinique
2. la Tunisie
3. l'Italie
4. Il aime les pays exotiques. , Il veut sortir de sa routine.
5. Elle adore les musées et l'histoire. , Elle aime ce pays parce qu'il est romantique.

09-33

A. *Answers will vary.*
B. *Answers will vary.*

09-34

1. c
2. d
3. b
4. a
5. e

09-35

1. Image e
2. Image b
3. Image d
4. Image a
5. Image f
6. Image c

09-36

1. à droite
2. la gauche
3. prenez
4. jusqu'au
5. tournez
6. au coin du
7. prenez
8. jusqu'au
9. à droite
10. continuez
11. la droite
12. prenez
13. jusqu'au
14. tournez
15. tout droit
16. à gauche
17. au coin de
18. prenez
19. jusqu'au
20. tournez
21. au coin du
22. en face du

09-37

1. a
2. b
3. a
4. c
5. b
6. a

09-38

1. sois
2. fasse
3. puisses
4. obtienne
5. venions
6. prennent

09-39

1. veniez
2. puisse
3. soyons
4. fassiez
5. aies
6. oubliiez

09-40

1. obtiennes
2. puissions
3. comprennes

4. soyons

5. fasses

6. ait

09-41

1. a

2. c

3. c

4. b

5. a

6. b

09-42

1. volonté

2. obligation

3. obligation

4. volonté

5. volonté

6. obligation

09-43

1. visitions

2. prenne

3. puisse

4. soit

5. obtenions

6. choisisse

09-44

1. apportions

2. prennes

3. viennes

4. travailles

5. soit

6. aies besoin de

09-45

1. veux, obéisses

2. préfère, te couches

3. souhaite, sois

4. veux, prennes

5. exige, téléphones

6. souhaite, fasses

09-46

Answers will vary.

09-47

1. b

2. a, b

3. b, c

4. a, c

09-48

A. *Answers will vary.*

B. *Answers will vary.*

09-49

Afrique ; secret ; vastes ; solitudes ; Œdipe ; moderne ; énigme

09-50

1. c

2. b

3. b

4. a

5. d

6. a

7. c

8. b

09-51

Answers will vary.

09-52

1. 6

2. 1

3. 9

4. 3

5. 2

6. 4

7. 5

8. 10

9. 8

10. 7

09-53

   1. c

   2. d

   3. a

   4. b

09-54

Answers will vary.

09-55

   1. b

   2. c

   3. b

   4. b

   5. a, b

09-56

Answers will vary.

Chapitre 10
Quoi de neuf ? cinéma et médias

10-01

   1. c

   2. e

   3. a

   4. f

   5. b

   6. d

10-02

   1. a

   2. c

   3. b

   4. c

   5. b

   6. a

10-03

   1. un film d'horreur

   2. un documentaire

   3. un film d'aventures

   4. un film historique

   5. une comédie

   6. un film d'espionnage

10-04

   1. un film d'espionnage / un film d'action

   2. une comédie

   3. un dessin animé / un film d'animation

   4. une comédie musicale

   5. un film de science-fiction / un film d'action

   6. un film d'horreur / un film d'action / un film d'aventures

10-05

   1. noir

   2. pot

3. chouette

4. où

5. puis

6. huit

7. salut

8. la Suisse

10-06

Repeat after the speaker.

10-07

1. Ils voient

2. Elle voit

3. Vous voyez / Nous voyons / Je vois / On voit

4. Nous voyons / On voit

5. Tu vois

6. Je vois

10-08

1. f

2. d

3. a

4. e

5. c

6. b

10-09

1. crois que

2. croit qu'

3. croient qu'

4. croyez qu'

5. croyons qu'

6. croit que

7. croit qu'

8. croient que

9. croyez qu'

10. crois que

11. croit qu'

12. croient qu'

10-10

1. b

2. d

3. a

4. f

5. e

6. c

10-11

1. regret

2. bonheur

3. déception

4. bonheur

5. surprise

6. surprise

10-12

1. donniez

2. parte

3. ne puisse pas

4. attende

5. habitiez

6. choisissiez

10-13

1. qu'on ne puisse pas

2. que nous ayons

3. qu'il parte

4. qu'il vienne

5. qu'il obtienne

6. que vous ayez

10-14

1. d

2. e

3. a

4. f

5. b

6. c

10-15

Answers will vary.

10-16

1. b, e
2. a, b, d
3. c
4. a, c, d, e

10-17

A. *Answers will vary.*
B. *Answers will vary.*

10-18

1. b
2. f
3. d
4. c
5. a
6. e

10-19

1. télécharger
2. échanger
3. retoucher
4. imprimante
5. moniteur
6. essayer
7. clavier
8. webcam

10-20

1. a
2. c
3. b
4. c
5. a
6. b

10-21

1. graveur / graveur CD
2. baladeur MP3 / smartphone
3. smartphone / portable / téléphone portable

4. connexion / connexion sans fil
5. mail / texto
6. imprimante / imprimante multifonction

10-22

1. réalité
2. réalité
3. rêve
4. rêve
5. rêve
6. réalité

10-23

1. passerais du temps
2. sortirais avec des amis
3. lui parlerais
4. lui prêterais
5. n'irais pas avec lui
6. mangerais

10-24

1. ferais
2. visiterait
3. achèteraient
4. donneraient
5. mangerions
6. partiraient

10-25

1. arriverait
2. viendraient
3. serait
4. attendrait
5. n'achèterais pas
6. pourrions

10-26

1. achèterait
2. enverrais
3. téléchargeraient

4. imprimerais

5. retrouveraient

6. pourrais

10-27

1. a, c

2. a, b

3. c

4. a, b

5. a, c

6. a

10-28

1. nous pourrions

2. nous achèterions

3. ils, prêteraient

4. ils ne comprendront pas

5. tu arriverais

6. on aurait

10-29

1. c

2. f

3. e

4. d

5. a

6. b

10-30

1. a

10-31

1. Burkina Faso, Canada, République démocratique du Congo, France, Sénégal

2. des jeux, des démonstrations dans les écoles, des installations de cybercafés, des téléconférences

10-32

A. *Answers will vary.*

B. *Answers will vary.*

10-33

1. b

2. d

3. a

4. f

5. c

6. e

10-34

1. *Santé magazine*

2. *Fleurs, plantes et jardins*

3. *Le Chien magazine*

4. *Auto passion*

5. *Les Cahiers du cinéma*

6. *Folles de foot*

10-35

1. un livre sur le recyclage en Europe

2. le dernier livre de l'émission *Top Chef*

3. un livre d'images

4. un mensuel féminin

5. un roman historique

6. un dictionnaire

10-36

1. a

2. c

3. c

4. b

5. c

6. a

10-37

1. qui

2. qui

3. qui

4. où

5. qui

6. où

10-38

1. c
2. f
3. d
4. a
5. b
6. e

10-39

1. qui peuvent la distraire
2. où il y a beaucoup de dates
3. qui présentent des recettes régionales
4. où il y a des descriptions de la nature
5. où il y a des belles photos de mode
6. qui parlent des hommes politiques

10-40

1. b
2. b
3. a
4. a
5. b
6. c

10-41

1. qui
2. que
3. que
4. qui
5. que
6. qu'

10-42

1. a
2. a
3. b
4. c

5. c
6. a

10-43

1. a préparés
2. a faite
3. a écrite
4. a lus
5. a choisie
6. ont achetés

10-44

1. c
2. f
3. e
4. a
5. b
6. d

10-45

Answers will vary.

10-46

1. la presse féminine, des romans sentimentaux
2. un quotidien sportif, le programme télé
3. un magazine, un quotidien régional
4. Elle veut s'informer des problèmes de société., Elle est romantique.
5. Il est fan de sport.
6. Elle est curieuse., Elle veut tout savoir sur les vedettes de cinéma.

10-47

A. *Answers will vary.*
B. *Answers will vary.*

10-48

Answers will vary.

10-49

1. a
2. c
3. c
4. b
5. b

10-50

Answers will vary.

10-51

1. *Le Journal du Dimanche, Libération, Le Monde*
2. *Le Nouvel Observateur, Pariscope, Le Journal du Dimanche*
3. *Géo*
4. *Libération*

10-52

1. b
2. c
3. a
4. d
5. f
6. e
7. h
8. g

10-53

Answers will vary.

10-54

1. b, d
2. a, d
3. b
4. a, b, c, d
5. a

10-55

Answers will vary.